O RADIOGRAFIE POSTDECEMBRISTĂ

Publicistică de Cristian Baciu

CRISTIAN BACIU

O RADIOGRAFIE POSTDECEMBRISTĂ

Publicistică

*Prezenta lucrare se publică în format electronic
şi tipărit.*

Coperta: Leo Orman
Ilustraţia copertei – sursa:
https://upload.wikimedia.org/wikipedia/ro/c/ce/Piata_Univ.jpg

ISBN-13: 978-1987424300 (CreateSpace)
ISBN-10: 1987424301

Ediţia digitală a acestei cărţi se poate accesa aici:
http://ibooksquare. ro/Books/ISBN?p=978-606-716-638-5

Pentru mai multe informaţii privind această carte, scrieţi la
info@ePublishers. info

www.eLiteratura.com.ro
www.eLiteratura.us

ÎN LOC DE PREFAȚĂ

Am strâns aici ce mi-a mai rămas din cele trăite, mărturisite și comentate în siajul evenimentelor tulburi de la sfârșitul anului 1989: un snop de foi dactilografiate, îngălbenite și înghesuite într-un dosar scofâlcit, rămas undeva pe fundul unei valize. Sunt, în mare parte, texte publicate în periodicele vremii, centrale sau provinciale, între anii 1990 și 1993, așezate în ordine cronologică.

Rog cititorul să aibă îngăduință față de discursul, poate prea pretențios uneori, cât și față de unele argumente care țin, mai degrabă, de domeniul speculației. Veți găsi aici, între aceste două coperți, rodul gândirii unui rebel prudent, în al treilea deceniu al vieții lui, un profesoraș de provincie care își căuta răspunsuri existențiale în afara programelor școlare și a documentelor de partid și de stat, printre cărți sau manuscrise dactilografiate, răspândite „pe dedesubt", în contra paznicilor unui regim politic ridicol, pe cât de absurd.

Recitindu-mi cele scrise cu aproape trei decenii în urmă, mărturisesc că am zâmbit uneori, m-am încruntat alteori, însă n-am putut să nu mă înduioşez retrăind starea de spirit a celui ce-şi revărsa, în vremea aceea, gândurile pe hârtie. Să nu ne amăgim, însă: era un moment în care se spărsese coaja cenzurii, în care libertatea cuvântului ţâşnea nestăvilit peste barajul spart al unei epoci ale cărei constrângeri materiale şi spirituale erau de natură să sugrume oamenii între disperare, depresie şi obedienţă apatică.

Sub presiunea unui moment publicistic sau a altuia, am îngrămădit, cu mai multă sau mai puţină acribie, imagini şi argumente de natură socială, ştiinţifică, ori religioasă, fără pretenţia, însă, de a le considera imbatabile. Faptul că ele se leagă, totuşi, într-un lanţ speculativ cât de cât rezonabil îmi dă curajul să le supun, astăzi, ochiului public, dimpreună cu deschiderea către orice demers critic care mi-ar parveni. Nădăjduiesc, totuşi, la oarece consonanţă îngăduinţă din partea cititorului care a trăit acele vremuri la vârsta maturităţii.

Autorul

CUPRINS

ZIUA CEA DE TAINĂ

(Revista „Contemporanul", 12 ianuarie 1990)

Los Angeles Is Burning! Este titlul unui articol semnat de Gerald Moore, publicat în numărul din august 1979 al revistei „Reader's Digest". Înregistrare sincopată a unei aventuri fierbinți declanşată accidental la 23 octombrie 1978, articolul include o imagine care cu greu ar putea scăpa atenţiei: „Piese de porţelan fin, născute în văpaia intensă a cuptoarelor, au ieşit intacte din flăcări". Asta, alături de alte imagini de genul: câteva bucăţele de aur topit în locul unde o femeie îşi căuta bijuteriile de familie; alinierea cuielor arse pe un pat de cenuşă acolo unde fuseseră pereţi; un ceainic de cafea plin cu monezi, redus la o grămăjoară informă de aramă... Tabloul care închide articolul, înregistrat o lună mai târziu de la incendiu, mai exact de Ziua Recunoştinţei *(Thanksgiving Day)*, arată astfel: „Când s-a terminat masa, oamenii au ieşit să privească munţii aspri, care ascund atâtea pericole şi pe care ei îi iubesc atât de mult. Sub ochii lor, gingaşele vlăstare verzi încolţeau pe versanţi, sub semnul vieţii. Renaşterea începuse.”

Evocarea articolului mai sus pomenit este un argument care poate susţine o replică de bun simţ la remarca doamnei Titziana Mona, jurnalist la Radioteleviziunea Elveţiană – remarcă publicată în ziarul „Tineretul liber” din 5 ianuarie 1990, în urma unei descinderi într-o Românie proaspăt ieşită de sub gloanţe: „Sunt surprinsă să întâlnesc atât de mulţi oameni cultivaţi, cunoscători de limbi străine şi, în general, instruiţi.”

În primul rând, amintim că mulţi români care au răspuns exigenţelor profesionale, culturale, artistice etc. ale Occidentului, aflaţi în exil până acum, s-au instruit la ei acasă. În altă ordine de idei, spunea cineva că o naţiune cu un potenţial militar redus, lipsită de şansa (?) unei influenţe la „masa puterilor”, este compensată în plan spiritual, printr-o deversare a potenţialului vital în sfera noetică. Această mecanică a energiilor se verifică, în orice caz, pentru ţara din jurul Carpaţilor, prin victoria unei revoluţii în care pieptul şi mâinile goale ale tinerimii au fost apărate de o armată menţinută deliberat într-o flagrantă carenţă a tehnicii de luptă. O altă ilustrare a acestui efect o pot oferi îndelung pomenitele lupte de la Mărăşeşti, ca să nu mai vorbim de multe alte episoade din istoria feudală a ţării. Marile victorii ale acestui neam au fost, în ultimă instanţă, victorii spirituale.

Iar acum, această Europă, intrată de la o vreme încoace în ciclonul unor convulsii continentale care, mai devreme sau mai târziu, era necesar să confirme fragilitatea anumitor tipuri de „graniță”; această Europă în care de multe ori dinamica economică polemiza cu civilizația spiritului; această Europă care, în accelerația sa turbionară, își înghesuise rezervele de speranță în ochiul ciclonului considerat a fi Elveția – această Europă nu avea cum să știe că ochiul spiritual al ciclonului revoluției continentale se afla, de fapt, tocmai în etanșeitatea României. Un pământ izolat de toate pământurile cele măturate în vârtejul speranțelor și reformelor. Un pământ al Adevărului încins sub presiuni care au pus la grea încercare imaginația „materiei superior organizate”. Un pământ unde trăia un tare ciudat neam de oameni care, înainte de a intra în groapă, nu cereau decât răgazul de a mai spune un banc.

Oare simțul ancestral al umorului, o altă probă de foc a românului, nu ne spune nimic? Umorul în afara spontaneității nu are viață, asta e clar pentru toată lumea dotată cu simțul umorului. Și atunci, de ce mai pune câte cineva la îndoială spontaneitatea românului tocmai în crucea unui gest care dovedește, o dată mai mult, integralitatea și integritatea spirituală a unui neam? Sunt ei, cei care se îndoiesc, orfani ai umorului? Sau ai credinței? Oare această Europă, ca și întreagă cealaltă lume care și-a răsfățat aripile spirituale în lumina soarelui, nu a avut la îndemână instrumentarul ciberneticii, din ce în ce mai sofisticat (deși chiar cele câteva principii de bază sunt suficiente), cu care să poată analiza şi reconceptualiza textele Scripturilor?

Între timp, noi am citit Scripturile în beciuri, prigoniţi ca la Cina cea de Taină, şi le-am dat spre digerare multor tineri ale câtor minţi şi suflete le primeau cu aviditatea pământului crăpat. S-au făcut acestea spre supravieţuirea lucidităţii neamului, în timp ce la uşa beciului se îngrămădeau sufocant alte texte, pline de discursuri pe cât de goale de Discurs.

Dar nu spun oare sociologii şi psihologii şi alţi -logi iluştri ai lojei ştiinţifice contemporane, nu tot ei spun că situaţiile limită sunt cele care determină, în urma unor acumulări energetice „subterane", explozia?

...Poporul român e un popor de laşi, de mămăligari, de tot ce nu vrem noi, şi hai să-l izolăm de Europa, că ne-o pătează!...

Ei bine, frica nu este neapărat sinonimă cu laşitatea, ea mai este şi un ingredient al instinctului de conservare — şi tocmai frica este, în ultimă instanţă, temelia curajului. Ne-a fost frică? Ba bine că nu! Şi ne este în continuare, de tot felul de umbre care or să mai dăinuie pe pereţii sufletelor noastre. Dar tocmai această frică de zeci de ani a format recipientul în care românul şi-a instruit sinea spirituală. În frică am citit textele înţelepciunii, în frică ne-am apărat copiii de ignoranţă, în frică am învăţat limbi străine.

Şi încă ceva: e bine să ştiţi că mămăliga asta a noastră e o chestie foarte bună, la care nu renunţăm, oricât de puţin explozivă ar fi ea!

Apoi, că am pătat Europa, e drept: am pătat-o cu sângele care, dacă nu a curs în alte părți, trebuia, totuși, să curgă undeva – asta pentru că fiecare veac își cere jertfa lui de sânge.

Revenind la motivul fricii, el apare și în textul Scripturilor, ca principiu neutru a cărui negociere vine să reglementeze ritmurile spiritualității: pe de o parte, frica de Dumnezeu, ca măsură a limitelor umane în raport cu Absolutul; pe de altă parte, ștergerea fricii prin credință – noțiune care încifrează atâtea sensuri lăsând, celui care se apropie de acest cuvânt, șansa (ori, la fel de bine, riscul) opțiunii. Iar românii, în toate câte au făcut, s-au probat ca un neam ce nu poate respira multă vreme în afara credinței, fie că-și aleg unul sau altul din sensurile ce alimentează acest cuvânt.

Incendiul care a cuprins țara asta în ajun de iarnă creștinească și, încă o dată, prin foc creștinată nu a fost decât șocul respirator disperat al spiritului național în fața perspectivei de a muri asfixiat într-un vid de credință. În fața unui șoc recuperator de atari proporții este firesc să se fi crcat acel vid de putere despre care se vorbea cu îngrijorare și care, polarizând vremelnic recuperarea bruscă a traumei de credință, venea să contrabalanseze forțele unei dinamici universale ce nu-și putea permite să riște echilibrul esențelor. Spunem asta sub rezerva că riscul nu există de fapt decât ca o stare de observare într-un sistem de referință, la fel ca lumina, sunetul, temperatura. Pentru că, în planul esenţelor, conceptul de risc dispare odată cu toate celelalte repere relativiste ale gândirii omeneşti.

Gândind lucrurile din această perspectivă, ce se poate extinde analitic la infinit (analiza şi conceptul slujindu-se reciproc, dealtfel, în registrul unei cunoaşteri etern perfectibile), am putea schiţa, cu glas mărunt, ideea că atât cei doi nefericiţi condamnaţi şi executaţi în faptul Crăciunului, cât şi zecile de mii *(sic! – n.a.)*[1] de nefericiţi martirizaţi în frumuseţea sufletului lor ar putea fi priviţi şi altfel decât, primii, drept călăi, iar ceilalţi drept eroi martirizaţi ai neamului. Ei ar putea fi priviţi, dimpreună cu noi, cei ce am rămas, cu toţi cei ce am fost şi cei ce vom veni, ca vehicule, ori conducte ale unor forţe ce transcend o înţelegere conceptualizată şi normativă – forţe prin care Absolutul, Adevărul, Viaţa (ca sinonime, vă rog!) vin să reglementeze un spaţiu spiritual. Acest spaţiu, pe care îl numim spiritualitatea românească, se poate deschide înţelegerii noastre sub imaginea unei articulaţii în dinamica noosferei planetare, acea „manta mentală" pentru emanarea şi menţinerea

---

[1] La data publicării se mai vehiculau cifre exorbitante privind numărul victimelor (cca 60 de mii!), încă un ingredient al dezinformării în contextul unui „haos organizat". Conform statisticilor privind victimele revoluţiei din decembrie 1989, potrivit Ministerului Sănătăţii, s-au înregistrat ulterior, în total, 1104 morţi şi 3321 răniţi. Alte statistici furnizează alte cifre. De altminteri, e greu de făcut o înregistrare exactă în asemenea cazuri.

Vezi şi: https://ro.wikipedia.org/wiki/Revolu%C8%9Bia_Rom% C3%A2n%C4%83_din_1989#Victime

căreia gestul Creației face, aparent, atâta risipă de informație, energie și substanță.

Nu putem să nu ne gândim și la răscrucea de drumuri geografice – reflexie întrupată a unui nod spiritual – pe care a constituit-o pământul, răsadnița acestui neam forțat, astfel, de însăși poziția baștinei sale să-și rezolve de multe ori ființarea într-un comportament ambiguu, paradoxal, nu de puține ori frizând absurdul. Dar să nu uităm că absurdul este, în fond, calea de comunicare între două compartimente ale rațiunii. Ocupăm, așadar, acel „spațiu mioritic" ale cărui sfințite dureri ondulatorii au gestat și zămislit și *Hanul Ancuței,* și *O scrisoare pierdută,* dar și *Luceafărul.*

Ei da, nu putem să nu ne gândim... Și cu cât ne gândim mai mult, cu atât ne năpădesc cele de mult și de mulți gândite și slobozite în spațiul gândirii, cu gestul nestăpânit de a deschide ușița de la colivia canarului...

Departe de a insinua, modulând pe struna unui ridicol șovinism, că România ar fi buricul pământului. Deopotrivă, departe de a-i scuza pe cei care caută aiurea buricul pământului. Brațul și articulația sa nu se pot justifica unul în absența celeilalte, la fel cum ciclonul și ochiul ciclonului nu pot exista decât conjugate, slujind sistemic unei structuri. În comparație cu aceste structuri însă, de o concretețe perceptibilă direct senzorial și ale căror componente își păstrează locul, rolul și construcția, structurile spirituale viază într-un plan ce relevă o dinamică năucitoare, aparent de cu totul altă natură decât ceea ce înțelegem sub acest cuvânt aici, de partea aceasta a porților absurdului. În planul acela, așadar, ai putea spune că un braț poate deveni articulație și invers, sau că un ciclon poate fi propriul său ochi, care de fapt este însuși ciclonul, și tot așa. Din acest unghi de vedere, lumea nu mai are buric.

Din acest unghi de vedere, României îi era la fel de necesară Europa, pe cât era ea necesară Europei – lucru ce se poate spune despre oricare din țările obositului și totodată proaspătului continent. Dar, ca spiritul european să afle acest lucru despre spiritul european erau necesare, bucată cu bucată, toate mutările ce s-au fost făcute și s-or mai face pe eșichierul continental și prin care el se integrează eșichierului planetar.

Așadar, arde România! Pentru ce? Pentru ceea ce românii numesc Dumnezeu, nume al cărui substrat arde, în egală măsură, și pentru România.

Iată dar că aceia pe care i-am numit tirani sau teroriști nu erau altceva decât lemnele focului în care Dumnezeu și-a ars copiii de porțelan pentru a le spori finețea, translucența și prețul spiritual. Și cum perfecțiunea este o eternă linie de orizont, să ne mai gândim și la faptul că piesele cărora cuptorul nu a reușit să le dea maximum de calitate sunt, mai devreme ori mai târziu, sortite unei noi arderi...

Încă ceva: rezistent la proba focului, porțelanul cel mai fin își confirmă valoarea, paradoxal, prin fragilitate. Fragilitatea românului autentic, a românului de porțelan, este sufletul său de mare primitor, de mare răbdător, de mare slujitor. Lăsaţi românul să slujească, pentru că în toate gesturile sale el îşi slujeşte Creatorul – Care, într-una din rotirile Naşterii Sale, a suflat peste o ţară întru renaşterea unui neam.

Însuşi anul acestei renaşteri le şopteşte ceva acelora care consimt, fie şi numai cu îngăduinţa pentru anecdotic, la jocul cabalistic: suma cifrelor care desemnează anul 1989 de la Naşterea Mântuitorului este 27, adică trei la puterea a treia. Rămânând la nivelul speculaţiei de text, numărul anului acestuia încifrează Treimea ridicată prin puterea Treimii, ca semn al existenţei în valoare absolută. Nu este o demonstraţie, poate fi luat şi ca un simplu joc al coincidenţelor – a căror năvală în atât de scurtă vreme este, să recunoaştem, dacă nu revelatorie, cel puţin uimitoare.

Cât despre popoarele Europei şi ale lumii îndepărtate, să nu le uităm şi să nu le pătăm gestul de neîngrădită iubire cu care ne-au restituit oglinda ce ne arată adevărata înfăţişare. Este un gest la fel de spontan pe cât a fost opintirea matricei noastre de neam în faptul renaşterii. Iar dacă a existat undeva deliberare, ea nu ar putea aparţine, în minunea celor împlinite, decât Absolutului şi legilor sale.

PARTIDUL E-N TOATE...
(Revista „Luceafărul", 28 februarie 1990)

Odată cu primul gard care i-a înconjurat bătătura, omul trebuie să fi avut revelația graniței. De aici încolo, cercurile conceptului de graniță se vor fi înmulțit și lărgit concentric, asemenea văluririi apei cutremurate de revelația unui bolovan. Centrul acestei dezvoltări concentrice va fi fiind tocmai conceptul de graniță (cu toată suita sinonimică a unei bogate nuanțări semantice), ca înghețare a energiilor pulsatorii ale impactului revelator.

Granița – pe care mintea, ea însăși îngrădită, a omului plăsmuit din țărână, și-a oferit-o ca oglindire – i s-a oferit astfel speciei ca principiu neutru pe care omul urma să-l administreze după destinele priceperii sale către propria înălțare ori cădere.

Ca să n-o mai lungim, o să propunem un tandem ale cărui piese le vor constitui granițele externe ca marcaj al unei separații și individualizări teritoriale și, în complementaritate, granițele (să le zicem așa) interne, separând și individualizând emanații suprastructurale. Și după cum conceptul de *graniță* generează conceptele de *separație* și *individualizare,* acestea vin, la rândul lor, a se proiecta în conceptul de *opoziție.* Cel din urmă se bifurcă la rându-i, urmând dezvoltarea în umbrelă, în opoziție de tip benign (girată de principiul complementarității, cu deschidere către osmoză) sau opoziție de tip malign (care se așază sub semnul ireductibilității, alimentând relația de disjuncție).

Tipul de graniță externă va rămâne, pe parcursul dezvoltării textului, un simplu reper fix, referențial, urmând a ne desfășura pledoaria în interiorul compartimentului suprastructural – și anume, prin abordarea unui aspect particular al granițelor de tip „intern": partidele politice.

Partidele politice stabilesc, înlăuntrul unei națiuni, o fermentație suprastructurală în care agresivitatea se instalează tocmai ca regulă a fermentării. Asta, în cazul în care există șansa pluripartitismului; în caz contrar, având de-a face cu un singur partid, granițele acestuia vin să se suprapună granițelor teritoriale ale arenei naționale în care operează respectivul partid, iar ca efect acesta își pierde legitimitatca politică de a mai fi recunoscut ca partid.

Să coborâm, spre limpezirea celor susținute, la etimologia cuvântului „partid": rădăcina o vom urmări nu mai adânc decât în termenul latin „pars-partis", declinarea a III-a imparisilabică (na!). Pe românește, „parte", ce mai! Substratul conceptului „parte" vine, pe de o parte, să confirme întregul prin repetarea sau oglindirea acestuia din urmă în fragmentele sale: vezi holograma, obținută cu ajutorul laserului (un fel de dispozitiv prin care tehnica actuală spune „Veniți de luați lumină") şi care, odată spartă, reproduce ansamblul imaginii în fiecare din cioburile sale. Nu este aceasta o actualizare a vechii maxime *pars pro toto?*

Pe de altă parte, substratul conceptului „parte" infirmă întregul prin relaţia de disjuncţie, care se instalează în momentul unei orientări centripete a dinamicii părţii (sau, prin extensie, a particularului). Şi cum întregul nu poate fi plasat în afara existenţei, el fiind un sinonim al acesteia în ultimă instanţă, rezultă o selecţie autoregulatoare care elimină tocmai partea care, asumându-şi opţiunea pentru centripet, a renegat întregul. O banală reluare a dinamicii care a subliniat păcatul originar, în fond.

Renegând întregul, partea îşi pierde însă şi capacitatea de a mai reflecta întregul, de a-l reproduce „la scară". Or, dacă întregul este însăşi existenţa, asta nu face decât să se elimine ipostaza non-existenţei!

Partidele nu păcătuiesc prin susţinerea unor repere ideologice, în măsura în care şi le asumă ca atare, oferind însă deschiderea unei preluări selective, prin osmoză politică, şi a altor repere de platformă. Ele păcătuiesc abia în momentul în care îşi clamează şi îşi impun reperele drept expresie a adevărului – deci a întregului, a existenţei. În felul ăsta, un partid îngheaţă într-o structură fixă, devenind tributar entropiei care creşte în virtutea feedbackului pozitiv. Or, existenţa înseamnă mişcare continuă, restructurare perpetuă în sens antientropic.

Legea atracţiei universale devine, în cazul partidelor, o supradozare a unui medicament ce se transformă astfel în otravă, cerând antidot (vezi şi: Andrei Pleşu, *Minima moralia*, despre principii neutre bine sau prost administrate). Alimentând principiul al II-lea al termodinamicii, structurile fizice sunt supuse dezorganizării tocmai datorită îngheţării lor în structuri fixe, datorită unui dezechilibru al relaţiei între principiul Yin, conservator, asupra principiului Yang, care conferă şansa mobilităţii. Entropizarea este o reacţie catabolică a metabolismului, şi putem să vedem aici o igienă a holosistemului care se conservă tocmai printr-o reglare automată a echilibrului celor două principii. Suprastructurile care repetă acest tip de evoluţie sunt inevitabil (şi, de fapt, salutar) supuse entropizării, şi până la urmă nu mai supravieţuiesc nici măcar bunele intenţii care generaseră respectivele modele suprastructurale – spre jalea şi minunarea celor ce nutriseră acele bune intenţii.

Structura biologic-umană se proiectează în suprastructură. Propunem, ca o cauză a fenomenului căderii: sub impulsul intenţiei, oamenii nu mai văd semnele dinamicii universale care, nesesizate, nu-şi mai împlinesc rostul lor de repere de ghidaj în siajul ondulatoriului optim, iar ceea ce s-a creat ca formaţiune şi nu-şi păstrează ritmul funcţional intern în registrul optim al ritmului integrator universal se autoelimină în virtutea mecanismului autoregulator al holosistemului. Acolo unde există masă (ca expresie ultimă a principiului Yin) există şi câmp gravitațional (ca una din ipostazele legii atracției universale), iar în aceste condiții, imponderabilitatea (libertatea, nesuferința, pacea) se mai poate realiza doar prin cădere liberă. Se frizează astfel formula imploziei în contextul unei structuri create.

Revenind la pluralismul politic, acesta apare ca o emanație cu etichetă democratică (termen destul de ambiguu, de altfel), respirând generozitate, risipire, dezinteres și, pe de altă parte, cu un potențial de tip bumerang în care germinează interesul centripetal, cu pericol de implozie. Asta confirmă, în ultimă analiză, infirmitatea politicii de partid, care cade sub greutatea propriului ei ideal structural din clipa în care îl încorsetează în reperele fixe ale unei platforme-program cu pretenție de operativitate nelimitată și de exclusivitate în dreptul de a avea dreptate. Aici, granițele interne ale unui partid ajung a se suprapune granițelor externe ce limitează teritoriul unei națiuni, de unde și pretenția partidului de a se identifica națiunii. Or, s-avem iertare, în chiar momentul în care o parte pretinde a se substitui întregului, ea pierde și capacitatea de a-l mai putea oglindi pe acesta din urmă. Este momentul în care națiunea intră în convulsii și se scutură.

Să reluăm acum noțiunea de „opoziție". În sintaxa politică, opoziția operează paradoxal: ea confirmă infirmând. Câtă vreme o formațiune politică este pusă în situația de a-și apăra durata (și, s-o recunoaștem, e inevitabil lucrul ăsta), ea este condamnată să-și piardă, treptat dar sigur, substanța. A se avea în vedere că și constrângerile de conjunctură sunt o probă a unui demers defensiv. Spunea parcă, odată, Cineva: „Eu însă vă spun vouă: Nu vă împotriviţi celui rău."

Toate partidele se lansează de pe o platformă cu rezonanţe umanitariste: este vorba aici de una din intrările în capcana puterii. Generozitatea este, deci, cap de afiş. Este însă o generozitate condiţionată de obţinerea puterii: „Dacă mă vreţi pe mine veţi avea de toate, aşa că faceţi bine de mă alegeţi!" Să nu uităm însă, vorbind de alegeri, că Dumnezeu are înţelepciunea de a-şi fi ales, pentru a-L reprezenta şi susţine pe Pământ, tocmai un popor aflat în credinţă strâmbă către El, dând astfel suprema lecţie de generozitate prin constrângerea la reabilitare.

Pentru manifestarea efectivă a generozităţii de partid este însă mai întâi nevoie de recunoaşterea supremaţiei. Astfel începe lupta pentru eliminarea şi înlocuirea (culmea!) altor forme de generozitate. Dar o formă de generozitate care se opune altei forme de generozitate nu-şi infirmă ea, oare, însuşi subtextul, degenerând în mască? Nu se ajunge astfel la relaţia de disjuncţie care anulează dreptul părţii dc a reflecta întregul? Cu atât mai mult cu cât se scontează, prin formula electorală, pe un instrument dubios: puterea de convingere a maselor, prin manipulare propagandistică. Se intră astfel într-o competiţie aritmetică a atragerii unei majorităţi mai mult sau mai puţin amorfe, o bătălie de un patetism a cărui salvare ultimă n-ar mai putea fi decât căderea în hilar. O cădere liberă, în fond. Şi asta la români nici nu-i greu, mai ales că ei au fost antrenaţi temeinic de nenea Iancu mizând, fără putință de a pierde, pe simțul românesc al umorului, ca semn de ultimă rezistență în fața neputinței. Ei bine, fantoma lui nenea Iancu stă acum ca un tampon de o indestructibilă elasticitate în fața veșnicei păcăleli electorale.

Noi, masele (termen în care răzbate amorful ca ingredient principal), suntem atrași în capcana electorală printr-un resort intim al tentației ce se declanșează la nivelul individului semiconștient: „Mi s-a cerut și mie părerea, pun și eu o ștampilă, sunt și eu cineva!" Fiecare vedem, în apelul la votul liber (?!), șansa de a participa la putere. Și astfel cădem în capcană. Noi, masele, nu avem antrenament politic; în general, stăm sub semnul imediatului, al primelor câtorva mutări dintr-un joc care, până la urmă, nici măcar nu ne aparține, dar la care ni se cere să băgăm deschiderea și, dacă e nevoie, să plusăm, în speranța unui mirabil câștig. Și nu mai vedem semnele timpului, care ne-ar îndruma cu mult mai precis decât febra jocului politic, el însuși supus inexorabil acestor semne.

După alegeri ne împrăștiem pe la casele noastre, ne înfundăm într-o cratiță, un ziar ori o pereche de papuci care ne deturnează vigilența politică abia înmugurită. Reinstalați în grijile slujbei salariate (capcana banului, de data asta), înlocuim respectiva vigilență cu un fel de încredere comodă, deși uneori temătoare, înnorată: „I-am ales, acum să-și facă treaba și să ne facă pe plac..."

În lipsa vigilenței maselor, partidul ales pornește, cu un anumit coeficient de accelerație, pe panta descendentă a entropizării. Degradarea începe cu o distanțare imperceptibilă, inițial, între platforma formulată și posibilitățile de aplicare a ei. Și la un moment dat, nu'ș' cum se face, că oricum s-ar face, nimeni nu mai poate potrivi nimic, de nicio culoare! Și doar era pluripartism!... Și ce dacă era în emisfera estică?!... În vest de ce ține figura? Ce, noi estem mai proști?...

Tendința oricărui partid – și totodată germenele căderii lui în greșeală – e monopolul de opinie. E o tendință susținută de modelul dinamic inerent oricărei formațiuni politice de factură partinică. O tendință care antrenează și acei aderenți care, la început, erau lucizi și preveniți: ei se văd deodată puși în imposibilitatea de a mai opera în câmpul feedbackului negativ de tip corectiv, întrucât acesta operează de acum în virtutea conservării unei structuri în care s-a infiltrat eroarea, dezechilibrând respectiva structură – fapt care mută operațiile din zona evolutivă în cea entropică, a dezagregării, prin feedback pozitiv. Este vorba aici de a înțelege cum aceleași principii operaționale lucrează atât în sensul evoluției antientropice, de construcție a mișcării și mișcare a construcției, cât și în sensul evoluției entropice a cărei imagine e prăbușirea în catastrofă.

E nevoie aici, pentru a susține analiza, să introducem un instrument cu care operează „matematica haosului" – și anume, dimensiunile fractale. Revista „Actuel" (1989, număr *hors-série)* preia concluziile la care a ajuns Benoit Mandelbrot, matematician francez stabilit în SUA. Și zice aşa: „O dimensiune fractală se situează undeva între două dimensiuni «normale». De exemplu, între linie (o dimensiune) şi suprafaţă (două dimensiuni) se plasează coasta franjurată a Bretaniei sau secţiunea printr-o conopidă: o mulţime de curburi sinuoase, într-o atât de capricioasă încâlceală încât dau impresia că umplu o suprafaţă." Acelaşi articol, intitulat *La mathématique du chaos explique le chou-fleur* şi semnat de Jean-Pierre Lentin, aduce mai departe în discuţie un alt matematician francez, René Thom, care a dezvoltat „teoria catastrofelor": „Cuvântul «catastrofă» nu trebuie luat în sensul său propriu, el desemnează doar momentul infim dar vertiginos în care se operează schimbarea..."

Dacă ar fi să luăm pluralismul politic ca obiect fractal, planul pe care îl prefigurează este cel al unei fermentaţii suprastructurale cu deschidere către dimensiunea noetică, integrându-se în spiritualitatea unei comunităţi. Iar în contextul metabolismului noetic este firesc, în urma „digestiei" pe care o reprezintă sublimarea, ca formaţiunile politice să fie eliminate asemenea unor produse de dezasimilaţie din clipa în care acestea nu mai au de apărat decât carcasa de interese ale personalului ce le compune.

Partidele NU pot fi un scop şi NU pot constitui o dimensiune în sine, ele putând cel mult sugera trecerea de la un context dimensional (politicul) la altul (spiritualul). Iar în cazul în care îşi revendică supremaţia, ele cad în pericolul de a o şi obţine – pentru că, odată cu instalarea la putere, se naşte şi germenele dezintegrării prin îngheţarea structurii: este vorba de acel moment „infim dar vertiginos în care se operează schimbarea" şi „în care totul se răstoarnă".

Din perspectiva conceptuală a fractalilor, însuşi omul, în formula sa biologică, poate apărea ca un obiect fractal care să marcheze trecerea (cu titlu de întoarcere) de la teluric înspre valoarea sa originară – biologicul fiind un „obiect fractal" care îi dă omului şansa reabilitării. Pe de altă parte, pe orice individ îl pândeşte dulcea ispită menită să-l atragă în capcana puterii, născând astfel în destinul său un alt „moment al căderii" care îl duce în rezonanţă cu păcatul originar.

Ca să încheiem totuşi, sau ca să pretindem că încheiem o fantă în cunoaştere care, dusă mai departe, riscă să năucească de tot, o să spunem că imaginea noastră despre posibilitatea de a cunoaşte adevărul ultim prin concept o dă câinele, a cărui politică este de a se învârti în scopul propriei cozi: salvarea lui stă în faptul că a fost dotat cu nepreţuitul dar de a mai ameţi, din când în când.

GUSTUL ISTORIEI
(Revista „Argeş", 27 mai 1990)

Piaţa Universităţii. Un nume. Kilometrul zero: ieşirea din spaţiul parcurgerii, intrarea în spaţiul curgerii. Căci unde e începutul, acolo va fi şi sfârşitul. Spaţiu de rugă. Templu căzut sub semnul prihanei, unde gestul vânzării înăbuşă înălţarea glasului. Rugăciunile au rămas undeva mai sus, atârnate pe pânză, pe ziduri, agăţate cu sfori. Scrise. Scrise, din păcate, în spiritul unei strategii publicitare în care transpare un patetic demers de „captatio benevolentiae". Gimnastica minţii, gimnastica sufletelor; degenerarea spiritului naţional în divertisment. Ca probă, coboară-ţi privirea asupra figuranţilor: vânzători şi cumpărători. De ţigări (am cumpărat şi eu), de opinii politice, de ziare, de alune (am cumpărat şi eu), de pixuri, de suc, de gumă de mestecat (am cumpărat şi eu), de sentimente, de norocul iluzoriu al mizei de cinci lei pe un număr jucat la taraba ţigănească.

Porumbei n-am văzut – nici pe tarabe, dar nici în văzduh. Măcar atât, ca umbră de bună simţire. Şi tot ca umbră de bună simţire, agresivitatea comerţului colorat n-a pătruns (încă?) în interiorul ringului protestatarilor, încins între frânghii şi corturi. Ca umbră de bună simţire, ori dintr-o nelămurită teamă a gestului precar în faţa unei disperate verticalităţi spirituale.

Pe sub tălpi, asfaltul încreţit de căldură, nituit cu dopuri de tablă. Câte dopuri, atâtea mărturii despre setea revoluţionarilor.

„Que voulez vous, nous sommes ici aux portes de l'Orient, où tout est pris à la légère..." Căderea sub timp, stagnarea marilor idei, fărâmiţarea luminii în curcubeu. Păcatul originar. Oboseala. Victoria entropiei. Piaţa Universităţii pare acum o stradă cu zăpadă murdară. Aşa ne este dat nouă, fructe ale pământului, să murdărim zăpada lui Dumnezeu de cum o primim: să o murdărim cu mult sârg, până ce capătă culoarea noastră, ea care a încercat, acoperindu-ne, să ne dăruiască în culoarea ei.

Mai rămân, o vreme, corturile. Curioşii trec (am trecut şi eu) prin faţa lor, fără a depăşi graniţa trasă cu sfori legate de ţăruşi, care încadrează tabăra frustrării. Privesc în tăcere tăcerea chipurilor inexpresive, obosite, de dincolo de sfori. Privesc un bunic şezând pe un scaun pliant; un copil aprinzând un primus; doi tineri lucrând la încă un afiş; un picior încălţat cu un ciorap murdar ieşind dintr-un cort care adăposteşte, poate, o siestă, poate o meditaţie – în orice caz, o tristeţe. Oamenii privesc şi respectă. E ceva în jurul corturilor care îți spune să taci. Chiar dacă, dinspre closetul public din apropiere, vine un miros de descurajare. Sau poate tocmai și de aceea. Aici, în fața corturilor din fața Teatrului Național, se dă spectacolul curajului de dincolo de descurajare. Spectacolul resemnării, al frângerii de pâine amară...

Piața Universității, postelectionem. La ceea ce unii au numit primele alegeri democratice, am fost puși în situația de a alege între un om și alt om, între niște oameni și niște oameni. O ofertă, un îndemn: acela de a spori cumulul de eroare. S-au construit procente, menite a stabili preferința pentru o eroare sau alta. Fără a mai pune în discuție probitatea demersului electoral, populația acestor pământuri se vădește a avea o certă unitate de opinie în alegerea erorii. Aici este locul geometric prin care neamul acesta se poate defini ca turmă păstorită. Să fie însă vorba de o parte a turmei lui Dumnezeu? Nu de alta, dar orice campanie electorală duce la un deznodământ care, oricum ar fi el, demonstrează gestul ratării. Căci în ultimă instanță, girul unor milioane de oameni nu este de natură a transforma eroarea în adevăr.

În faptul unui Crăciun cerul ne-a dat, încă o dată, un semn. Noi am cântat semnul, noi am cântat cerul, noi ne-am minunat. Și încă o dată, noi am ales pământul. Noi am ratat, o dată în plus, semnele cerului, dându-i cezarului mai mult decât era al lui, și prea puțin lui Dumnezeu. Iar un neam care pune mult suflet în alegerile de pământ nu va avea decât să simtă, mai devreme sau mai târziu, la vremea cuvenită, gustul pământului. Căci istoria are gust de pământ.

Avem nevoie, încă o dată, de un braț care să dea cu biciul în istorie, de un glas care să curețe Templul. Și, ca întotdeauna, în umbra crucii crește furia bazarului. De o parte, zâmbetul lăsat de sine al zăpezii; de cealaltă, ispita pestriță a culorilor căzute din spargerea luminii în cioburi. De o parte, cuptorul cu miros de pâine caldă, ștergarul de in, puțul cu ciutura în cumpănă deasupra adâncului din apă. De cealaltă, zâmbete prezidențiale, isterii parlamentare, fermentații istorice. Dar istoria nu are nici gust de pâine caldă, nici răcoare de apă adâncă. Ea are gust de sânge și apăsare de pământ.

Să nu ne amăgim cu gândul că noi scriem istoria. Suntem, cel mult, litere ale acestei scriituri. Istoria a fost scrisă cu mult înainte de a fi jucată, și scrierea ei s-a fost făcut de dincolo de perdeaua vitezelor luminice – ca o compensație a gestului prin care, odată, cineva a greșit, căzând de pe marginea Timpului.

DEȘTEAPTĂ-TE, ROMÂNE!
(Revista „Luceafărul", 30 mai 1990)

Luciditatea bunului simț îl obligă, revelator, pe cel ce și-o asumă, să se bucure calm de faptul că nu a avut acces la un pașaport, până nu demult. A fost scutit, în felul ăsta, de o risipă de pași pe orizontală în dauna unui cât de cât dobândit progres pe verticala spiritualității. O astfel de risipă i-ar fi îmbogățit cumulul de eroare printr-un demers comparativ de suprafață al cărui impact asupra unui psihic fragil ar fi fost de natură a genera, cel mult (sau cel puțin, depinde de scaunul din care privești), vreo afecțiune biliară, hepatică, gastroduodenală ori cardiacă.

Și dacă tot a ajuns omul nostru la suspomenita revelație, trebuie că a aflat, pe drumul către ea, și despre oarece afluenți care o vor fi alimentat. Unul dintre aceștia ar fi constrângerea la gestul melancolic de a deschide în neștire atlasul geografic. Preocupat să-și plângă de milă, el nici nu-și dădea seama, la vremea aceea, că privea lumea de sus, ținând-o în palmă. Citea doar, cu obidă și cu vagă pricepere şcolărească, jocul graniţelor sinuos-haotice între care se scăldau, încătuşate, culori de contrast. Într-un târziu observa el supunerea acestui joc unei alte reguli, parcă din afara lui, parcă stăpânindu-l: regula pătratului, figurată ritmic în conflictul perpendicular al meridianelor şi paralelelor. Într-un şi mai târziu, sătul de contemplaţie sterilă, dădu să închidă coperţile – şi abia atunci a văzut, dintr-odată, cu ochii înroşiţi de oboseală, regula supremă: regula cercului!

Abia atunci văzu el Planeta. Văzu atunci cea mai cruntă graniţă, din afara căreia el îşi plânsese îndelung, către Dumnezeul său, supremul necaz: acela de a nu avea dreptul. A nu avea dreptul să-şi rostogolească privirile pe deasupra tarabelor şi prin vitrinele de vest. Dreptul să bişniţărească şi el o pereche de blugi. Să adune pliante cu amintiri de pe ce ştia el c-ar fi orizontala planetară. Dreptul să facă pipi în Atlantic, ori să se bucure şi el că e mai tare ca fetele din Hawaii, spurcându-le într-o limbă la auzul căreia ele zâmbesc, încântate. Dreptul de a le povesti amicilor despre ce multe ştie el deasupra lor şi ce mici suntem noi pe lângă ăia...

Într-un spasm necontrolat de individ prins cu mâţa-n sac, el făcu atunci să plesnească sec coperţile, frângând cu voluptate planeta în două. O planetă cartonată, haşurată, colorată – dar rotundă. Rotundă până dincolo de orice speranţă. Închisă asupra ei însăşi, râzându-şi de toate tarabele istambulice, de toate monumentele istoriei care dau în vileag prăbuşirea creaţiei în orgoliu; de toate bibliotecile lumii – închisori ale unor prestigii obținute prin sacrificarea Sensului în sensuri. De toate râzându-și, planeta se închide într-însa și le lasă afară, lipite pe pretutindenea ei cocoașă: să le bată soarele, să le muște gerurile, să le înece șiroaiele, să le usuce vânturile, să le jinduiască săracii. Mai puțin săracii cu duhul însă, a căror liniște provoacă neliniști ahrimanice și opinteli luciferice, cu efecte vizibile, fie de natură plutoniană, fie de factură politică.

Ah, politica! Ce plictisul dracului pe capul spiridușilor dacă li s-ar confisca jocul ăsta...

Dar să ne întoarcem la el, la necăjitul nostru. Nici n-a închis bine atlasul, că aude focuri de armă. O bogăție de focuri de armă, îi picurau în urechi ca și cum ar fi venit direct de pe banda sonoră a unui film de groază. El plânge, se trântește pe burtă și de acolo sub pat, un glonț rătăcit îi confirmă norocul intrând pe fereastră și doborând din cui portretul soacrei...

Granițele s-au deschis larg! Să plângem împreună, să schimbăm imnul, să dăm gaură-n drapel – că cerul de multă vreme ne era, oricum, o gaură mare.

Așadar, granițele s-au deschis larg. Prea larg. Și uite-așa, din supapă făcurăm răsuflătoare. Noroc că ăilalți știu să se apere: le-au cam închis pe ale lor, că de... începea să miroase a piață liberă luată prea în serios cu blugi, aur, porțelanuri, râșnițe, rulmenți și alte sentimente. E doar o repriză din nevinovatul joc al alternanțelor, băieți, nu-i motiv de îngrijorare – românul s-a născut poet, el se descurcă, el are suflet de aur și burtă de platină, nu-i motiv de ruşinare. Haideţi mai bine să ne facem examenul de conştiinţă al rentabilităţii, doar avem paşapoarte care nu îmbătrânesc înainte de următorul cincinal – mai e timp, nu?

Dar să ne întoarcem la el, la necăjitul nostru. E tot acasă la el, stă în mijlocul camerei cu atlasul în mână. E delăsător, n-a apucat să-şi ridice raţia de la biroul de paşapoarte. E nebun: se bucură, şi-l lasă lumea în pace. Nici nu votează, nici nu-şi dă demisia din slujbă, nici nu i se desface contractul de muncă. El are un atlas, un televizor şi platfus. Are timp. A început să-i placă să ţină planeta în mână, cică a descoperit că în felul ăsta planeta îi este lui inofensivă. Şi de câte ori mai descoperă câte ceva, se scaldă o vreme în sentimentul că de-acum se poate odihni. Săracul.

Daţi-i şi lui o şansă. Faceţi-l preşedinte, faceţi-l deţinut politic sau faceţi-l turist, să simtă şi el ce-nseamnă să ai mintea odihnită şi sufletul ne-nceput (sau ne-ncăput, după regula cercului). Nu de alta, dar poate să ajungă periculos, pentru că mi-a spus că-l paşte o nouă concluzie şi altele după ca: cum că, în toată mişcarea, ar fi vorba de un fel de teatru de păpuşi în aer nu tocmai liber (atenţie, ecologişti!). Cum că păpuşile ar fi trase din sus de sfori şi în acelaşi timp mânuite pe dinăuntru, pe dedesubt, de nişte degete neastâmpărate, puse pe şagă în contra Păpuşarului. Cum că, la un semn al Păpuşarului, foarte multe păpuşi ar putea fi trase în sus, dezbrăcând degetele care le maimuţăreau mişcările şi care, astfel dezvelite, n-ar mai avea decât să se strângă într-un fel de pumni, a căror vânzoleală unii în sprijinul celorlalți ar isca foarte multă căldură – atâta căldură câtă nici nu și-ar fi visat românul pe vremea de tristă amintire și a odioasei sale soții. Și iarăși, cum că împărțeala cocoașei planetare în două, mereu în două, peste tot în două, n-ar fi tocmai străină de împărțirea creierului în două. Două puteri mari care vorbesc la telefon, două sexe opuse, ca și puterile, atât de opuse încât și ele vorbesc la telefon; două câte două puncte cardinale (dar un singur papă!); două emisfere, două palme, doi poli – cel puțin, până la stabilizare...

Ba mai mult: necăjitul nostru fără pașaport a început să-și pună problema și altfel, sub formă de întrebări cumulate: de ce Europa sună adunarea în vreme ce Uniunea Sovietică prezintă crăpături? De ce nu se fisurează și Uniunea Babilonului Transatlantic după modelul partenerului de discuții? De ce e liniște în Australia? De ce nu se transmit buletine de știri din jungla africană? Ce vârstă are Papa? De ce titlul pontifului frizează caricatural numele Tatălui? De ce tac farfuriile zburătoare? De ce nu tac politicienii? Și de ce tocmai România a fost aleasă pentru...

Nu, până aici! Ar mai fi, dar mai bine zicem că nu mai e. Poate scăpăm.

Hai, băieți, dați-o-ncolo de socoteală! Până când, Catilina, abutere patientia nostra? Nu de alta, dar există pericolul ca întrebărilor ăstora să le fie pregătite și niște răspunsuri, pe cine știe unde, pe cine știe când. E drept că n-or să vină răspunsurile înainte de a veni – nu de alta, dar s-ar defecta jocul, și e mai bine să lăsăm lumea-n pace (auzi: PACE!)

Dar să ne-ntoarcem la el, la necăjitul nostru. E tot acasă la el, a adormit cu lumina aprinsă. Și-a pus alături deșteptătorul, cu rugămintea de a-l deștepta la ceasurile 12,00. Pe chipul lui odihnește un surâs senin, nevinovat. El este fericit. El visează că are un pașaport și că așteaptă data importantă la care va trebui să plece pentru a prezida un simpozion pe teme epistemologice. Lucrările simpozionului se vor ține în Antarctica, întrucât Siberia este deja aglomerată cu mai multe simpozioane pe teme politice. Acolo, în puritatea ținuturilor antarctice, el va vorbi în fața unui numeros public indigen recunoscut pentru discreția cu care aplaudă cu mâinile la spate, cât și pentru deosebitele performanțe de înot subacvatic, având ca echipament tradiționalul frac.

Să-i urăm fericitului nostru un voiaj plăcut și lipsit de primejdii, precum și mult succes în această nobilă acțiune care îl va încununa, fără îndoială, cu aureola unui curajos și dedicat misionar.

Noapte bună!

AUTOPSIHIE SAU GÂLCEAVA NĂVLEGULUI CU LUMEA

(1991)

Era o vreme când învăţam să spun lucrurilor în multe şi felurite chipuri. Auzeam la vremea aceea pe câte unul zicând că aş avea talent şi tare-mi mai plăcea treaba asta; mi se făcea cald de nu mai aveam nevoie de termoficare raţionalizată. Ba mai mult, a ţinut unul cu tot dinadinsul să-mi cultive chestia aia de-i ziceau talent, şi de atunci am început chiar să năduşesc. Voia omul să vadă ce iese. Şi au ieşit nişte găselniţe meşteşugite deasupra cărora am fost îmbiat să pun tot soiul de etichete colorate: „proză scurtă", „nuvelă", „eseu politico-filosofic" – hait!...

Domnilor (să mă ierte doamnele că nu mă adresez şi dumnealor, dar sunt cu soţia, ştiţi... şi poate că şi domnii... că aşa e la noi în provincie) – aşadar domnilor, poate nu mă credeţi, dar eu chiar îmi doream să fiu luat în seamă pentru ce ziceam eu acolo, pentru că începusem să fiu periculos de convins cum c-aş fi oarecine într-ale potrivelii cuvintelor! Ei bine, m-a mai luat în seamă câte un nene de pe la redacţii. Nu însă şi editurile – aici a fost norocul!

Te mai lipeşti pe la câte o revistă, un ziar, mă rog, mai ajuţi societatea, mai împachetează omul câte ceva cu tine, mai şterge geamurile, mai şterge... în fine, ceva care să îmbine utilul cu folositorul. Dar dacă s-ar fi întâmplat să greşească vreo editură, că de atâtea ori au făcut-o, păi cum mi-ar fi stat mie, om cu ruşinea la purtător, să ştiu că am îndoit raftul fragil al vreunei gingaşe biblioteci de pal, sau de pefele, sau de pecere, sau de penele...?! În fine, am scăpat de o mustrare de cuget. Că de cugetat cuget, să ştiţi dumneavoastră. Şi dac-ar fi să mă iau după gurile rele, ar fi să spun că „deci exist"; dar pân-acolo mai e un drum şi încă unul, şi altă pâine de mâncat.

Acum, ce vreau eu să spun – că mă luai cu vorba, ştiţi, ca omul de la ţară. Aşa. Îmi zise un nene de la redacţia asta d-acilea, îmi zise el că să scriu eu un fel de articol – da' aşa, ca pentru o revistă de cultură, zice – să scriu eu despre cam cum aş vedea eu răsturnătura asta răsturnată a trebilor răstrămutate de pe la noi, pe-o alergătură de-un an ş-o ţâră încoace, auzi! Acum spuneţi şi domniile voastre (că tovărăşiile se prăpădiră printre gloanţe), eu ce să fac? Că de spus am tot spus despre tot felul, în tot felul de limbi, de era cât p-aci să mi-o uit p-aia a mea de-acasă, nu alta. Eu i-am zis la nenea ăsta, i-am zis că nu mai ştiu ce să zic, dar nu m-a lăsat: mi-a zis să zic că nu pot să mai zic şi de ce nu mai pot să zic – dar aşa, să mai râdă lumea, să nu se-ncrunte de tot. Ei da, asta da cultură, brava neică, mi-a plăcut, ce mai! Păi ăsta ori e filosof, ori e jandarm, ori e comunist, ori e țărănist, că liberal e fiu-său. Ori e șmecher. Adică, să zic eu că de ce nu zic, știi? Ca să râdem, știi?...

Bine fraților, eu zic – da' să nu vă pară rău!

Păi uite de ce nu mai zic: pentru c-a fost odată Unul mare de tot care le-a zis pe toate așa de frumos și pe de-a-ntregul, că nici în două mii de ani n-avuserăm vreme să pricepem ce zicea. Și tot încercând eu să-mi storc mințile să pricep ce zicea Acela, mi-a venit la un moment dat să mă iau la palme: păi cum să mai ai ceva de zis dacă ai înțeles măcar un bob, cu mintea sufletului, din ce e scris acolo!? Păi i-auzi ce treabă frumoasă-i asta: „când s-o alege bobul de neghină"; sau cealaltă, cu teascul de struguri călcat după culesul viei, când iese mustul și cojile s-aruncă... Sau astălaltă, că se va pune fiul împotriva tatălui său și frate cu frate se vor dușmăni – păi atunci, nu se cheamă că asta se și-ntâmplă? Și oare nu se-ntâmplă pentru că așa trebuia să se-ntâmple? Și atunci, nu se cheamă că suntem pe drumul cel bun?...

Zice așa Dumnezeu: „Să facem om după chipul și asemănarea noastră". Și noi zicem că suntem chipul și asemănarea Aceluia. Haida-de! Poate caricatura Lui! Și dacă în politică se mai primește jocul de-a caricatura, uite că aici nu mai ține, și proba că Acela nu poate fi pocit după chipul și asemănarea noastră este că ne stingem sub propria noastră vocație caricaturală și intrăm din explozie politică în implozie spirituală. Păi frumos ne șade?

Ce ne-a fost rămas din chipul şi asemănarea Absolutului este libertatea de opţiune, ca drum asumat (sau nu) de întoarcere în Adevăr (din care ne prăvălirăm buluc în istorie, vă mai amintiţi?). Or, ce facem noi cu libertatea asta de opţiune? Păi, ia priviţi şi ascultaţi pe stradă: „Cum, bă, tu tot cu Dinamo ţii?" „Nu, mânca-ţi-aş, io-s cu ţărăniştii, ce, nu mă ştii?" Şi alte d-astea, din belşug.

Şi atunci, ce mai e de zis? Cine optează pentru truda şi suferinţa de a înţelege drumul întoarcerii? Şi dacă zici, cine te ascultă? Cel mult, ţi se răspunde cam aşa: „Ete bă, s-a ţăcănit şi ăsta! Săracu', nu se mai face bine..." Sau: „Şi dacă te ţii aşa de tare, de ce fumezi, mă, şi te uiţi după fuste?" – ei da, aici mă dau bătut. Dar nu şi înfrânt. Na, c-o zisei şi p-asta. Hai, râdeţi.

Adică ce să zic? Că e rău preşedintele ăsta şi c-o să fie bun ăla de l-o da la o parte? Sau că primarele e cumva mai păcătos decât vreunul din mulţimea care-l huiduia în faţa primăriei? Sau decât mine? E oare mai curat la faptă şi la suflet acela care i-a strigat în proces: „De ce nu mi-ai dat mă apartament, că io ţi-am dat dreptul?!"

Sau cc-o să zic? Că dreptatea e de partea intelectualilor? A muncitorilor? A studenţilor? A minerilor? Haida-de! A fotbaliştilor? Mai degrabă, că ăştia măcar dau cu piciorul prin definiţie şi la scenă deschisă – d-aia au şi atâta gloată să-i vază, şi atâta bănet cât să-ntoarcă cu lopata.

Sau ce-o să zic? Că am eu dreptate? Dar eu cine sunt, că dacă m-am strujit atâta să cunosc câte ceva, am ajuns să aflu că nici măcar pe mine nu m-am aflat. Toată lumea zice că știe câte ceva, eu nu știu decât că nu știu nimic cu de la mine putere. Hai, râdeți.

Așadar ce pot să zic? Cel mult să zic așa: că dacă tot aveți atâta vreme goală să umpleți străzile cu ea, apăi să fiți sănătoși. Și dacă n-oți fi prea obosiți când vă-ntoarceți acasă, mai luați Cartea Cărților și mai cugetați oleacă așa, cu mâna pe suflet, cum e cu libertatea aceea de opțiune, că e viața mea și fac ce vreau cu ea și tot așa. Că mai zice acolo așa: „Cu măsura cu care măsori, cu aceea ți se va măsura îndărăt, și încă ți se va adăuga pe deasupra". Altceva nu mai am a zice.

Hai, râdeți.

DEMOCRAȚIE FRENETICĂ, POST ȘI RUGĂCIUNE

(Revista „Imposibil", iunie 1991)

Pitești. Oraș în România cu foarte mulți români, prilej de liniște și consens. Unitate etnică, soare, duminică. Porumbei, fuste colorate, câini de rasă, bere. Un autobuz roșu se recomandă cu litere mari: „BBC WORLD SER-VICE". Se adună lumea. Reporteri români cu fețe de mult englezești desfășoară instalații englezești și pliante publicitare: vor să ne arate ce fac ei acolo și vor să le spunem ce mai facem noi, aici. Despre noi, pentru noi. Să ne cunoaștem unii pe alții, să ne fim deschiși. Ei află că în mijlocul urbei, ceva mai încolo, un tânăr ziarist face greva foamei de patru zile. Șade pe un scăunel pliant în fața instituției care a dezamăgit, a înșelat pe mulți, spune. Prezintă revendicări administrative și politice. Sigur, îi vom lua un interviu, dar mai întâi să ne instalăm, spun distinșii oaspeți. Metodic, englezește. Sunt români, dar au învățat lecția democrației cu experiență. Aceia care îi solicită sunt, în numele unui coleg al lor, grăbiți de amintirea unei alte lecții, lecția foamei. Atunci, foamea venea dinspre autorități; acum ea se îndreaptă apostrofant, patetic, împotriva autorităților – în fond, cam aceleași. Efectul de bumerang, previzibil, inevitabil.

Colegii de breaslă ai lui Florin Silișteanu se grăbesc acum spre Casa Sindicatelor, ei au aflat de întâlnirea lui Petre Mihai Băcanu cu șefii sindicatelor aliate. Zi mare, coincidențe multe. Ei bat la ușă, ușa se deschide, „Fără presă!" zic aliații, domnul Băcanu tace. Ziariștii cer explicații, discuție febrilă, democrație balcanică, bărbătească, în colțuri. Un aliat spune: „Sunt prieten bun cu Florin, sigur că mergem, dar după ce servim masa, omul ăsta e aici de azi-dimineață..." Sfânta lege a ospitalității la români! Și totuși, domnul Băcanu va merge să ia interviu, pe burta goală, unui om cu burta și mai goală. Însoțitorii îl conduc strâns, admirație, speranță, curiozitate; grupul se întărește cu un reporter de la autobuzul roșu, căruia i se admiră sculele – reportofon și microfon japonez! Ei, da! Petre Mihai Băcanu are un carnet și un pix, el scrie ce îi spune Florin Silișteanu acolo, pe trotuar, și Florin spune că a fost întrebat cine i-a dat aprobare pentru greva foamei. El vorbește stins, în glasul lui sună un ideal spart. Gustă, obosit, împlinirea rugii lui de patru zile: cineva îl ascultă, cineva o să-i înalțe plânsul în fața lumii. Ziariști, trecători, el nu mai e singur acum, comentarii: „Iote, face greva foamei și stă pe scaun!" Cineva, ieri, i-a aruncat o monedă de 15 bani: „Ia, mă, să ai de-un ceai!"

Reporterul BBC întreabă, Florin spune, între ei e un microfon pufos, japonez. E speriat şi speră, simte bifurcaţia destinului său. Duminică, Ziua a Şaptea cu poruncă înaltă de odihnă. Odihnă pentru cine, odihnă dinspre cine?...

Confraţii încep să se împrăştie, sunt mulţumiţi, s-a mişcat ceva. Doi gazetari de provincie îşi lungesc umbrele spre gară, ei vor pleca. Florin Silişteanu îşi va continua protestul, postul. Suntem, totuşi, la porţile Orientului, aici lucrurile se urnesc mai greu. Ei doi vor intra într-o cârciumă, vor mânca o friptură dublă: să nu pui botniţă boului care treieră... Unul dintre ei îşi va aprinde o ţigară. Acela sunt eu.

ÎNTRE TEXT ȘI TRĂIRE (I)
(1991)

Care sunt cele trebuitoare pentru a ridica o școală? Vom zice că ele sunt două: una este *textul*, ca purtător al informației; alta e *trăirea*, care se petrece în urma digerării informației. Textul este ceea ce intră în noi, iar trăirea textului este ceea ce rămâne în noi. Pentru ca un text să se transforme în trăire, el are nevoie să fie „digerat" corect. Digestia corectă a textului o vom numi *înțelegere*. Ea, înțelegerea, este mai mult sau mai puțin completă, în funcție de (pre-)dispozițiile „aparatului digestiv" mental-afectiv al fiecăruia.

Mai învățăm la școală însă că o digestie incompletă se rezolvă în eliminarea unor așa-numite „produse de dezasimilație". Produsele de dezasimilație ale digestiei mentale ar fi, dacă e să ne gândim bine, reacțiile noastre față de ceilalți, față de cele ce ne înconjoară, în ultimă instanță față de noi înșine. Vom lua reacțiile, așadar, ca fiind produse de dezasimilație.

Care sunt atunci produsele de asimilație? Acele subtile combinații elementare care ne hrănesc asigurându-ne înaintarea de la o zi la alta, care sunt ele? Păi, trăirile! Efectul revelator pe care îl are un text al cărui înțeles a fost asumat, integrat gândului și sufletului nostru, devenind lumina dinlăuntru care ne face mai buni decât ieri – asta e ceea ce ne duce mai departe și ceea ce numesc eu trăire.

Se vor ridica însă voci care vor spune: nu-i adevărat, nu e complet, trăirile sunt și din cele care aduc disperare, furie, neputință și mai câte!... Acestea sunt voci care aparțin unor elevi silitori, căci într-adevăr învățăm la școală cum că trăirile sunt experiențe afective „pozitive" ori „negative". Ca să mergem mai departe, ne vom asuma riscul de a despărți *trăirea* de *experiența afectivă*. Pentru că trăirea vine de la „a trăi", iar a trăi înseamnă mai mult decât a-ți derula o existență efemeră sub porunca biologicului supus entropiei. A trăi înseamnă a merge mai departe, mai sus, a înainta antientropic.

Asumându-ne această perspectivă, fie și numai de dragul speculației, nu mai putem numi trăire acea experiență afectivă care ne trage îndărăt de la înțelegerea lucrurilor, care ne macină gândirea și simțirea către a fi mai buni, mai luminați și mai luminoși. Aceste sentimente nu le vom mai înțelege a fi trăiri ci, așa cum am spus, *reacții*. Reacții la ce? Ei bine, *reacții la ignoranță* – produse de dezasimilație, urmări ale unei digestii mental-afective defectuoase. În fizică, un proces asemănător este numit *ardere incompletă,* și tot în fizică se mai spune că o ardere incompletă produce gaze toxice. Noi o vom numi lipsă de înțelegere sau *ne-înțelegere*.

Aceleași voci silitoare, dacă n-au adormit între timp, vor obiecta: bine, dar orice trăire este o reacție la stimuli externi (iar ceea ce numim *text* este tot un stimul extern, de fapt) – deci și trăirile pozitive sunt reacții, nu?

Ei bine, revenind asupra cuvântului *trăire*, să ne amintim că am hotărât a înțelege prin el „ceea ce ne ajută să trăim", deci ceea ce ne hrănește prin înțelegerea lucrurilor, ca asumare profundă, revelatorie. Reacțiile nu sunt neapărat trăiri, ele sunt (cel mult) semnale de alarmă dinspre un suflet care nu a primit înțelegerea unui lucru sau a altuia – prin extensie, a unui *text de viață*.

Experiențele afective nasc reacții. Trăirea, înțelegerea naște *acție*. Înțeleg prin acție acel gest, gând, sentiment care mă duce mai departe în evoluția mea spirituală, care mă sporește în efervescența lăuntrică a trăirii. Prin reacție voi înțelege, dimpotrivă, acel gest, gând, sentiment care îmi parazitează trăirea. O reacție îmi va fi spre folos doar dacă o iau drept reper, drept semnal de alarmă. Dacă în urma unei reacții nu-mi reorientez traiectoria minții și a sufletului, acea reacție devine otrăvitoare, căci se înmulțește prin ea însăși, ademenindu-mă să o confund cu realitatea, cu trăirea. Acesta ar fi, de fapt, mecanismul a ceea ce numim suferință, boală sau viciu – mecanismul prin care, lăsându-ne în voia lui, întreaga noastră gândire și simțire se transformă cu totul într-un produs de dezasimilație. Și dacă ne gândim cum se mai numesc în limbaj popular produsele de dezasimilație, poate vom înțelege și mai bine *textul* acestui adevăr.

ÎNTRE TEXT ȘI TRĂIRE (II)
(Revista „Argeș", 1991)

O clipă, domnilor! Ce facem, băgăm religia în școală sau nu? Și dacă o băgăm, ce facem cu bogăția formelor de cult din țara asta? Cum încropim o programă unică? Hai că la liceu o mai scăldăm, cu „Istoria religiilor" facem un act neutru de informare, dar ce facem cu ăia mici? Dacă ne sar părinții în cap? Și cine o să predea, preoții sau preotesele? E-ncurcată rău, frați români!

Și dacă e și mai încurcată? Păi cum să faci din religie un sertar al învățământului, când religiile sunt cele mai vechi școli ale pământului? Oare nu este istoria cel mai complet catalog, plin de corijenți și repetenți între câteva „mențiuni" și un singur Premiant? Și asemeni diverselor sisteme de învățământ, nu se contestă oare una pe alta diversele forme de cult în privința eficienței în demersul de a-și îndrepta ciracii pe calea cea mai bună spre adevăr? Nu au ele, școala ca și religia, forme specifice de amenințare pentru învăţăceii care nu consimt ori nu pot să recite frumos, la unison, litera predaniei?

Oare nu-şi asumă amândouă un demers iniţiatic? Oare nu se bazează şcoala, ca şi religia, pe un *text* care poartă informaţia, pe o *metodă* care o distribuie, pe o *digestie* mental-afectivă care o prelucrează şi, în final, pe o *trăire* care o sublimează? Pentru că, orice s-ar spune, textul netrăit e un text respins, un produs de dezasimilaţie – şi asta în cel mai fericit caz, fiindcă o proastă digestie poate provoca intoxicaţii şi chiar otrăvire letală. Fanatismul religios ori degradarea spaţiului vital prin găselniţele civilizaţiei tehnologice sunt rezultatele unor devieri digestive cumulate, dovezi de maltratare a vectorului spiritual ascendent propus de textul religios ori laic-ştiinţific.

Îndrumat de şcoală sau de religie, vocaţia omului planetar rămâne aceea de a ruina, de a desface tot ce i se dă spre facere. O vocaţie cât un blestem. Şcoala pragmatic-ştiinţifică, spre exemplu, în loc să îl smerească pe om prin a-l învăţa să se studieze ca parte a naturii pe care o trăieşte, îl erijează în descoperitor, cuceritor şi exploatator al ei. Enoriaşilor creştini, pe de altă parte, li se spune că pot accede la divinitate recunoscându-se pe ei ca „vase ale iubirii lui Dumnezeu" – ceea ce nu-i împiedică pe ei să caute cu încăpăţânare cea mai bună modalitate de a-L face pe Dumnezeu un fel de recipient al intereselor lor precare. Este un fel de mers călare cu faţa spre coada calului. În fond, să nu uităm că şi copiii foarte mici văd lucrurile cu susul în jos. Există aici o rigiditate a voinţei personale în refuzul de a-şi asuma curbura spaţiului-timp. Rotundul planetei nu ne spune nimic, rotundul zilei şi al anului de asemenea. Şi totuşi, despre aceste lucruri vorbesc şi ştiinţele „exacte", şi Sfintele Scripturi.

Digestia textului, sau *trăirea,* se rezolvă pe două direcţii divergente: *ispita* şi *credinţa.* Ispita textului laic naşte experimentul, ispita textului religios naşte păcatul; credinţa textului laic naşte prudenţă şi luciditate, credinţa textului religios naşte pacea sufletului. Există însă oare luciditate unde nu este pace sufletească? Ori pacea sufletului se poate afla în absenţa lucidităţii?

Nu ştiu în ce măsură am înţeles eu ceva din textul Bibliei, dar ştiu că anii de şcoală, atât cât nu am risipit din ei, m-au făcut să înţeleg că *pot înţelege* câte ceva din această Carte. Şi, aşa cum instrucţia şcolară mi-a deschis sensuri extraepice ale textului biblic, acesta din urmă vine acum să reaşeze în structuri mai vii pachetul de informaţie încropit în şcoală. Oricine îşi doreşte să cunoască mai departe va sesiza, la un moment dat, această curbură a spaţiului spiritual. Acela Care a spus „Caută, şi vei găsi" a lăsat loc şi revelaţiei: „Caută, şi *te* vei găsi". Aici ar fi capătul drumului despre care Acelaşi a spus: „...căci unde e începutul, acolo va fi şi sfârşitul". Este o întoarcere asupră-ne, în care suficienţa nu-şi are locul, şi în care mergem mai cu folos abia din clipa când această temă ni se relevă ca trăire adâncă. Până aici merge religia, invitând la explorare interioară. Până aici merge şi textul ştiinţei, invitând la explorare exterioară, spre descoperirea şi asumarea alterităţii. De aici încolo porneşte credinţa.

Şi atunci, cum să facem? Să mutăm Biserica în Şcoală sau invers? Biserica e incomodă, ea ne cere credinţă, ne face dependenţi, nu se limitează la o documentare strict informativă. Dar Şcoala, atunci când o faci cu literă mare, oare nu cere credinţă? Care om de carte nu s-a instruit în credinţă?

Să avem aici în vedere şcoala ca *text,* ca ofertă de informaţie – pentru că, să recunoaştem, în timp ce şcoala ca instituţie poate fi – şi este – inegal reprezentată în timp şi spaţiu, textul ei se oferă egal. Profesorii, ca şi preoţii, sunt nişte inegalităţi care mediază un text egal. De cealaltă parte se aşază discipolii, ca inegalităţi de recepţie şi asumare. În penultimă instanţă, ca inegalităţi de trăire a textului. În ultimă instanţă, ca inegalităţi de credinţă.

Eliminarea bruiajului provocat de controversele religioase nu se poate face, cred, mai ales în zilele noastre, decât printr-o instruire de performanţă, în credinţa lucrului bine făcut. Dorinţa autentică de cunoaştere din partea elevului este singura care poate neutraliza un nefericit caz de incompetenţă didactică. Astfel înarmat, el, elevul, va şti să fie îngăduitor şi faţă de preotul care nu-i oferă, între două duminici, chiar imaginea ideală a celor predicate în biserică.

Dacă profesorul, ori preotul, îl poate ajuta pe învăţăcel, este, în bună parte, meritul lor. Dacă însă ei ajung să-i împiedice înţelegerea este, în bună parte, şi din vina lui, pentru că nu şi-a dorit cu adevărat să înţeleagă. Înţelegerea textului, care cere uneori maximum de efort şi oarecari sacrificii, este poarta prin care omul şcolit accede la certitudini şi, în ultimă instanţă, la credinţă. La linişte. Într-o lume în care selecţia spirituală intră pe panta unei acceleraţii ce creşte către insuportabil, nu va avea acces la forţa cuvântului, la textul credinţei, decât acela care se şcoleşte în credinţa textului.

Bun – şi, deci, ce facem? Băgăm religia în şcoală sau nu o băgăm?... Şi dacă nu încape, oameni buni? Şi dacă, până la urmă, veţi înţelege că trebuie din nou dulgherite şi dereticate toate celelalte sertare ale şcolii noastre celei de toate zilele, pentru ca ea să poată primi şi sertarul religiei, fără pericol de dislocare?

Dar dacă nu veţi înţelege? Ei, atunci să vă văd!...

NOPȚI ȘI ZILE DINSPRE CHIȘINĂU

(Revista „Calende", iulie-august 1991)

Iarbă pentru iepuri

Cap de linie, troleibuz gol, ultima cursă. „Alo, domnii, ce faceți acolo, dați-vă jos!..."

E tânăr și târăște spre troleibuz doi saci burdușiți cu iarbă. „Pentru iepuri", spune. Îl lămurim, într-o limbă comună, că noi ajunseserăm în orașul lui pe bază de pașapoarte. Se bucură, se destinde, povestește. Nu, nu-i hotel pe traseul lui – dar urcați, v-arăt orașul și vă duc mai aproape de un hotel, cât mă lasă sârma... Scoate omul tăblița indicatoare de traseu și deturnează hotărât troleibuzul într-un tur al orașului, ca unul care știe că așa trebuie să facă. Să fi terminat de curând armata, mai mult n-are. „Aici e Casa Scriitorilor și dincolo e Casa Presei, colea găsiți bere, colo face cafea bună..." Ne dă roată prin tot centrul, ne spune despre ai lui, despre urnirea țării, ne arată clădiri şi bulevarde. Fuge pe dinaintea staţiilor unde ultimii întârziaţi fac semne cu mâna – „Lasă-i pe dânşii, că ei ştiu unde să se ducă". Darul ospitalităţii, înaintea regulamentului – e un risc, astăzi. *A te dărui* înaintea lui *a te supune:* nu e asta, cumva, o formă înaltă de supunere? „Statuia lui Ştefan, aici a fost mitingul astăzi, dacă veneaţi mai devreme îl prindeaţi!"

Nu, regulamentul planetei nu s-a tulburat cu nimic, el e foarte gros. Am auzit, în schimb, o bătaie de inimă. Bate frumos, ea. Şi a fost seară şi a fost dimineaţă, o zi.

Vorbe despre sângele oraşului

Dintr-o parte Chişinăul seamănă cu Clujul, dintr-alta seamănă cu Iaşiul. N-am văzut Moscova niciodată, aşadar nu pot spune din care parte ar semăna el cu Moscova.

Oraş boieresc, verde, bine ţinut. Boierii s-au scuturat de multă vreme, acum pe arterele oraşului curg Volgi mari, albe, puternice. De sus, ele arată ca nişte globule albe, multe şi neobosite. Buletin de analiză, încheiat pe un acoperiş: circulaţia Chişinăului conţine foarte multe globule albe.

Globulele roşii sunt mai mici, se văd doar dacă te amesteci printre ele. Lor le place să fie privite, şi n-au vină pentru asta. Sunt viu colorate, dar au ceva în comun: privindu-le, vezi roşu înaintea ochilor. Ele întrupează atât de ferm porunca jocului ancestral, încât te ruşinezi până şi de ruşinea livrescă pe care ţi-o asumi ipocrit în faţa instinctelor. Fetele din Chişinău sunt o capcană perfectă, aruncând în jur un câmp de atracţie năucitor. Fruct al hibridării pe cumpăna Orientului, ele etalează agresivitatea pasivă a plantelor carnivore. Victimele lor ar trebui să fie, dintru început, iertate. Cred că dacă ar citi rândurile astea, fetele despre care spun ar pufni în râs: ele nu se cer scrise, ele se cer trăite.

Şi a fost seară şi a fost dimineaţă, ziua a doua.

Lângă un pahar cu vin adevărat

Vinurile lor: un alt semn al fecundităţii năucitoare a locului. Este pentru prima oară, îmi dau seama, când îmi spune cineva că beau vin şi îi dau dreptate. Gândesc: pământul care scoate un astfel de vin nu poate găzdui oameni excesiv de harnici, şi nici excesiv de răi. Când ai sub picioare un aşa pământ, efortul este minim iar reflexele agresive se tocesc, devii blând şi primitor de oameni. Aici încolţeşte pericolul instalării în abundenţă: pământul lor fabulos i-a dăruit pe basarabeni cu blândeţe, iar blândeţea lor i-a dăruit pe ei vecinului lor mai puternic. Acesta a simţit dintr-odată nevoia să îi protejeze – în fond, nu atât pe ei, cât pământul lor fabulos. Aşa au ajuns basarabenii să-şi plece capul şi privirile şi să culeagă ce le-a mai rămas din pământul lor: cuvintele cu care s-au iubit părinţii lor, născându-i. Şi cuvintele astea bătrâne s-au făcut sabie cu pecete de instinct, ele lucrează ca firele de iarbă care, cu frăgezime de neînvins, despică piatra în căutarea soarelui. Sunt cuvinte străine celui puternic şi temute de el, acum.

Spune poetul basarabean[2], şezând lângă un pahar cu vin adevărat: „Eliberatorii au avut grijă să ne ia tot, dar au făcut singura greşeală care le putea fi fatală: ni l-au lăsat pe Eminescu.”

La închiderea buclei, pământul acesta fabulos îşi revendică limba blândeţii, pe care a hrănit-o. Când nu poţi stârpi cuvintele locului, înseamnă că locul acela aparţine cuvintelor sale.

Şi a fost seară şi a fost dimineaţă.

Contrapunct la Marea Neagră

Desant în liniile de adâncime: Odessa. Diversiune dintru început ratată, întrucâtva: Ucraina nu e inima imperiului, nu e centru de referinţă. De altfel, Odessa va da un surplus de camuflaj specificului slav, prin însuşi simptomul de loc geometric al fenomenului portuar. Un port se înscrie undeva pe traiectoria dintre un babilon şi un bazar.

Să mergem, totuşi, măcar pentru o lingură de soare şi o sticlă de bere...

Serbări de sfârşit de an şcolar. Elevi şi eleve, mai mult sau mai puţin în uniformă, invadează străzile şi portul. Coborâm, printre ei, cele două sute de trepte pe care un regizor isteţ le-a făcut cândva celebre rostogolind pe ele trupurile mateloţilor de pe *Potemkin*. Facem o constatare

---

[2] Grigore Vieru şi Nicolae Dabija, care ne-au îmbălsămat pe noi (Al. Th. Ionescu, Mircea Bârsilă, Cristian Baciu) cu rodul viei locului, impregnat cu memorie strămoşească dăltuită în cuvinte daurite.

de mârlani melancolici: în ultima vreme, fetele îşi dau drumul în larg mult mai timpuriu decât băieţii...

Îi însoţim într-o croazieră de agrement pe un catamaran cât un conac. Vasul le oferă muzică „rap" de ultimă oră, băuturi răcoritoare şi bere. Ei oferă dans, beau, fumează de când lumea, mimează blazare adultă, vorbesc o limbă străină. Începe să se facă lumină în minţile noastre româneşti şi le dăm dreptate marilor firme occidentale care preferă să-şi prezinte moda, în ultima vreme, pe manechine şi modele orientale. Păi, da!...

Vasul ne cară prin rada portului. Un fier printre fiare, dedesubt un fel de apă. Facem tururi prin ogradă şi atât, dar tânăra generaţie nu pare a sesiza surogatul: lor le e de ajuns că s-au dezlipit de malul cu părinţi, cu şcoală, cu jandarmi. Asistăm la un fel de perestroika portuară. Nu lipseşte nici bruiajul politico-ideologic. Megafoanele de bord intră în competiţie cu muzica de dans; la megafon vorbeşte căpitanul, muzica o oferă tot căpitanul. Mă conformez şi trag cu urechea, lăutăreşte. Iese ceva cam în genul ăsta: „Don't worry... ia kapitan... be happy... sovieţchi soiuz... we gotta pray... prezident... just to make it today... glasnosti... take me... komunisticiki partia... to the magic of the moment... imperialisticiki amerikanski..." Nu-mi dau seama ce ascultă liceenii, dar de selectat selectează, pentru că se mişcă ritmic şi se mişcă bine, suspect de bine. Încep să înţeleg, în orice caz, de ce vine din această parte a lumii o literatură atât de solidă şi o şcoală cinematografică atât de fină. E bine aşa, mergem înainte. Urcăm două sute de trepte.

Şi a fost soare, şi a fost dimineaţă.

Români uzi, români uscaţi

Plouă peste cele patru taxiuri din faţa gării din Chişinău. Plouă şi-n spatele gării, de acolo venim noi. Îi rugăm, pe rând, să ne ducă până la hotel, circa doi kilometri. Ei refuză, pe rând. E nerentabil, e prea scurt. Oferim dublu, zece ruble, suntem uzi şi români; ei, români uscaţi în maşinile lor, cer douăzeci. E noapte şi n-au concurenţă, arena le aparţine. Pornim pe jos, deja nu mai contează; nu ne mai dorim decât, cel mult, o vâslă. Înjurăm de formă, ca să ne facem datoria. Nici măcar nu putem fi supăraţi. Doar suntem în exerciţiul funcţiunii – încă o experienţă, încă o informaţie – o să dea bine în pagină, pe asta o pui în contrabalans cu faza cu troleibuzul. Şi uite-aşa, toate se echilibrează şi universul rămâne pe zero. Cine a spus că planeta e în dezordine? Râdem şi vâslim spre hotel în vreme ce Dumnezeu, în marea Lui bunătate, aruncă ploaia şi peste grâu, şi peste buruian.

Cartofi, cupoane şi lână de Angora

Piaţa agroalimentară din Chişinău, altă revelaţie. Una olfactivă, acum. Mă agaţă aici mirosul negreşit al aprozarelor şi pieţelor de stat din România Mică a anilor tovărăşiei legumiculturale. Leagăn al copilăriei mele, mirosul ăsta sovietic – cum să nu-l iubeşti? Şi totuşi, bătrânii mei erau încruntaţi pe vremea aceea, deşi în manualele de istorie vremea era însorită la maximum. Da, da. Mi-aduc aminte: cartofi, ceapă, fasole, toate mirosind hotărât a pământ centralizat. Mirosul era acelaşi în toate pieţele copilăriei mele şi îmi făcea poftă de mâncare, aş fi mâncat pământ, atunci...

Mai sunt aici, în piaţa Chişinăului, şi prăvălii strâmte cu miros de Lipscani uitaţi: scândură dată cu motorină, igienă austeră, cârlige, caiele, câlţi, pufoaice, căciuli, curse de şoareci, vase. Dau să cumpăr o pufoaică, mi se pare mai ieftină decât un butoi de motorină pentru sobă. „Aveţi cupoane?" sunt întrebat. „Nu, am ruble", răspund complice. Dar complicitatea nu-i de ajuns, aici trebuie cupoane, e treabă organizată. Gândesc: uite cum slăbeşte rubla, săraca, la ea acasă! Măcar bine că s-au gândit gospodarii sovietici s-o bandajeze cu cupoane d-astea puternice. Ele protejează, nu lasă apa să intre, nu lasă pufoaica să iasă...

Afară, miros de ploaie, galantare pentru comerţ privatizat. Poţi cumpăra în aer liber, e alt stat. Cumpăr un şal, capră de Angora. Îl pipăi, îl privesc, sunt totuşi în străinătate, şi cu timpul, şi cu locul. Să mă mai nasc o dată? De ce? Doar a fost seară şi a fost dimineaţă, încă o zi!...

Leuşeni-Albiţa: o vamă pentru liniştea lor

Principiul dinţilor de rechin, înclinaţi spre interior: intră cine vrea, iese cine poate. Nu vă speriaţi, controlul nu-i sever. Dar, ca să aflaţi asta, trebuie să aşteptaţi de la două zile în sus. Imperiul nu prea controlează, ştie că nu prea mai sunt motive de control, imperiul mai mult tachinează. Doar-doar te vei sătura de familiarisme cu fraţii de peste Prut.

E drept, sunt priorităţi: foarte multe autobuze cu evrei care au cerut emigrarea trec înaintea coloanei care aşteaptă de câteva zile. Evreii, spre deosebire de turişti, sunt controlaţi cu centimetrul pătrat. Dar ei s-au deprins de mult cu asta. Urmărind istoria lor, nu poţi să nu simţi că teritoriile pe care evreii se grăbesc să le părăsească devin de-a dreptul suspecte. De regulă, la scurtă vreme, băştinaşii acestor teritorii sunt demni de toată mila creştinească. Un barometru al istoriei, poporul ăsta ales...

După trei zile ne vine rândul. Nici măcar nu ne-au deschis bagajele. Au confiscat, în schimb, din autobuz: o sticlă de şampanie, o cutie de Nescafé, o pungă cu foi de dafin, un electromotor. Spunea cineva că ăsta a fost corolarul războiului lor psihologic, să nu cumva să crezi că n-ai fost la buna lor plăcere.

Cam atât. Din respect pentru cei care au scris despre lagărele Imperiului de Răsărit. Nouă ne-au ciufulit un pic orgoliile, şi ar fi meschin să faci literatură, fie ea şi gazetărească, despre nişte mărunte tachinări de frontieră. Ne prinde chiar bine, din când în când: ne ţine memoria dreaptă.

P.S. Mi-am amintit că, scriind despre soviete, n-am pomenit nimic despre vodcă. Vă rog să mă iertaţi. Acum am pomenit.

ALARMĂ ECONOMICĂ LA KREMLIN

(Probă de jurnalism, BBC, 1993)

Nu insultăm pe nimeni spunând că economia Uniunii Sovietice nu reflectă şi nu justifică eforturile de investigaţie şi investiţie depuse în această ţară. Dimpotrivă, insultăm evidenţa dacă n-o spunem.

Omul roşu vede cum munca sa nu-i mai restituie măcar contravaloarea propriei subzistenţe fizice în timp ce, paradoxal, ţara sa continuă să fie unul din cei doi poli ai jocului mondial de influenţă politico-militară. Devine imperativă şi aici restructurarea aparatului economic în sensul orientării sale către economia de piaţă, singurul model conţinând un dispozitiv autoregulator. Kremlinul e nevoit să decarteze politica economică axată pe centralizare absolută. Din acest punct însă, demersul se ramifică pe trei direcţii ilustrând un evantai al alternativelor. Radicalismul lui Boris Elţân, preşedinte al Sovietului Suprem al RSFSR şi principal opozant, ce-i drept de o factură mai specială, al preşedintelui Gorbaciov, se opune reformismului moderat susţinut de prim-ministrul Nikolai Râşkov. Între aceste extreme, academicianul Stanislav Şatalin aşază „Planul celor 500 de zile" ca pe o sinteză ce încearcă o reconciliere şi totodată o soluţionare. Planul lui Şatalin emană un simţ rafinat al prudenţei ştiinţifice, compatibil cu momentul delicat a cărui depăşire o vizează. De altfel, sinteza domniei sale are acordul preşedintelui Gorbaciov şi, până la urmă, şi al domnului Elţân, ambii simţind pericolul unei supralicitări a traumatismului social-economic din ţară şi totodată anticipând desincronizarea care s-ar produce prin aplicarea doar a unor retuşuri acolo unde însăşi croiala trebuie schimbată.

Domnul Gorbaciov încearcă să îndulcească panta pe care urmează a se prăvăli colosul unui sistem economic probat ca inoperant, pentru a evita dezastrul unui sistem economic neamortizat. Iar hotărârile sunt cu atât mai greu de luat cu cât, departe de a fi o unitate etnică, lumea sovietică e un conglomerat. Din acest unghi, preşedintele Gorbaciov ar putca fi comparat, desigur păstrând proporţiile, cu Sfântul Ioan Botezătorul, şi el un înainte-trimis spre a pregăti întâmpinarea unui şoc ideologic de proporţii, în ultimă instanţă, planetare.

ZBOR PLANAT DEASUPRA ADÂNCURILOR ROMÂNEȘTI

(Probă de jurnalism, BBC, 1993)

Crăciunul anului 1989 a inaugurat în România o eră în care toate clișeele devin inoperante. În orice ar vrea să facă de aici înainte, românii nu se mai pot adresa strategiilor tradiționale care par a fi, în bloc, programate pe eșec.

Campania electorală postrevoluționară din România a reliefat penibilul unor proceduri care, odată, conțineau asigurarea unui efect previzibil. După alegerile din 20 mai, orice tentativă de a reinstala viața politică pe tipare *déjà vu* a eșuat lamentabil aducând protagoniștii în centrul oprobriului public, atât în cetatea guvernamentală, cât și în corturile opoziției. Sfaturile și justificările guvernului și ale parlamentului nu au făcut decât să sufle în focul unei opoziții preponderent revendicative, iar supremul protest prin greva foamei nu a avut alt efect decât alimentarea unor discuții marginale în contradictoriu. Pe acest fundal al unei categorice răsturnări de valori, guvernul pare a fi devenit sensibil la ideea de a funcționa în mediul unei concurențe puternice. Și totuși, nu cumva este și acesta un model clasic? Ce-i drept, de factură occidentală, dar asta nu are importanță – în România pare a se fi instalat un refuz subteran, metafizic, al oricărui concept ori structuri clasice.

În această țară, care a constituit un fel de ochi al ciclonului european, ne aflăm în fața unei fenomenologii insolite. Regulile și parametrii acestei fenomenologii rămân o temă de cercetare pentru poporul român, cu pornire din pragul casei, cu trecere prin sediile partidelor politice, prin structurile artei și științei și cu sosire într-o nouă înțelegere a lumii lui Dumnezeu. Sau poate că ar fi mai bine pentru români să inverseze sensul itinerarului acestei investigații devenită, pentru ei, vitală.

O tăcere meditativă, o aplecare a urechii către profunzimi este ceea ce l-ar ajuta pe român să treacă pragul. Altfel, natura controverselor politice riscă, în această țară, să devină un simplu chenar kitsch în jurul unei opere de reală valoare spirituală.